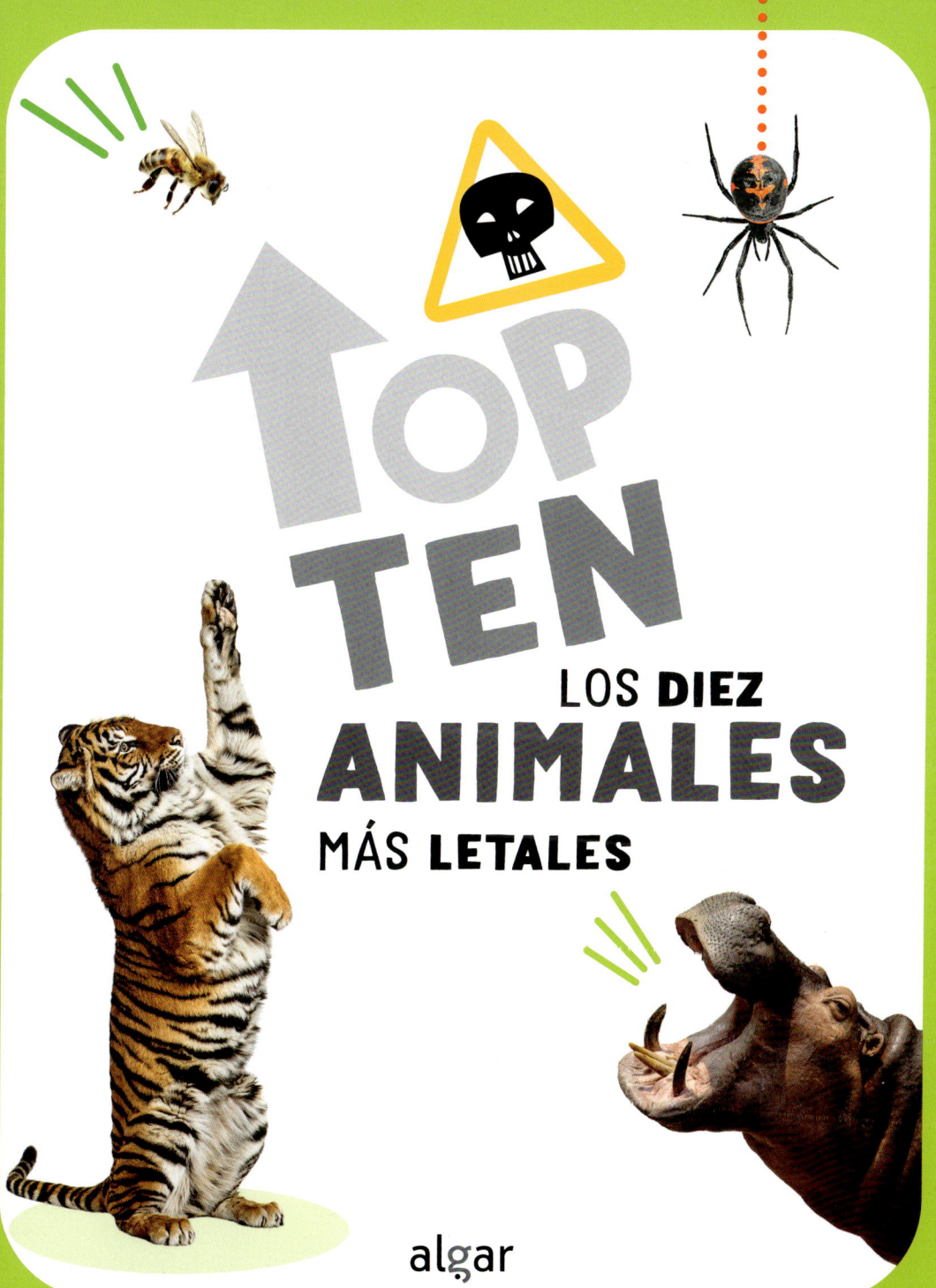

TOP TEN

LOS **DIEZ** ANIMALES MÁS **LETALES**

algar

¡EMPEZAMOS!

¡EL RANQUIN DE LOS ANIMALES MÁS PELIGROSOS DEL MUNDO TE PUEDE SORPRENDER!

¿Crees que en el puesto más alto se encuentra el tiburón, el león o incluso una araña venenosa?

¿Y si estuvieras equivocado?

Hojea las páginas de este libro para escalar la clasificación y descubrir que hay animales de los que no sospechamos que esconden... ¡un arma letal!

SI CREES QUE YA LO SABES TODO, ES PROBABLE QUE TE LLEVES ALGUNA SORPRESA... ¡PELIGROSA!

ARMA LETAL

CURIOSIDAD

Busca estos símbolos para descubrir **CURIOSIDADES** sorprendentes y **CARACTERÍSTICAS LETALES** que hacen que estos **DIEZ ANIMALES** ¡sean dignos de nuestro **Top Ten**!

¡EL NIVEL DE PELIGROSIDAD IRÁ CRECIENDO DE LA POSICIÓN 10 AL TERRIBLE NÚMERO 1!

Al final de esta página tienes el nombre de los **DIEZ ANIMALES** del ranquin: intenta adivinar su posición y escribe cada nombre al lado del número que crees que le corresponde. **¡LEYENDO EL LIBRO DESCUBRIRÁS CUÁNTOS HAS ADIVINADO!**

1 ----------------------------

2 ----------------------------

3 ----------------------------

4 ----------------------------

5 ----------------------------

6 ----------------------------

7 ----------------------------

8 ----------------------------

9 ----------------------------

10 ---------------------------

¡Pasa la página y descubrirás quién soy!

- **TIBURÓN BLANCO**
- **HIPOPÓTAMO**
- **RANA PUNTA DE FLECHA**
- **ÁGUILA ARPÍA**
- **ELEFANTE AFRICANO**
- **MOSQUITO**
- **COCODRILO DEL NILO**
- **TIGRE**
- **OSO POLAR**
- **PIRAÑA ROJA**

10 ÁGUILA ARPÍA

¡Solo pronunciar mi nombre ya da miedo!

NOMBRE CIENTÍFICO:
Harpia harpyja

ENVERGADURA: 2 metros

Es un depredador invisible que se lanza en picado desde las altas copas de los árboles para golpear sus presas: osos perezosos, simios e iguanas no tienen escapatoria entre sus **LARGAS GARRAS**.

Cuando caza, baja y mueve las plumas de la cabeza para dirigir las **ONDAS SONORAS** hacia sus oídos para así escuchar hasta el ruido más débil. Además, ve **8 VECES MEJOR QUE NOSOTROS**.

Come casi 1 kilo de carne al día y esconde las presas más grandes entre las ramas para poderlas consumir a lo largo de varios días.

PESO:
6-9 kilos (hembra);
4-5 kilos (macho)

DIETA:
carnívoro (come alimentos de origen animal)

HÁBITAT:
bosques lluviosos de Sudamérica

Y pensar que ocupo el puesto número 10...

ARMA LETAL

Largas garras de unos 10 centímetros (¡casi tan largas como las del oso grizzly!).

CURIOSIDAD

Construye un nido enorme, de 1,5 metros de ancho, y lo usa durante años.

5

9

ELEFANTE AFRICANO

NOMBRE CIENTÍFICO:
Loxodonta africana

ALTURA: 3 metros

Los elefantes son gigantes amables, pero, como la mayoría de los animales, si se les molesta o se les provoca, sacan a relucir una **AGRESIVIDAD** sorprendente que puede terminar en una **CARGA VIOLENTA** contra el intruso. Con la potencia de su **CUERPO INMENSO**, se lanzan a la carrera a una velocidad que supera los **40 KILÓMETROS POR HORA**, y atropellan y pisan todo lo que encuentran en su camino.

Después, usan sus **COLMILLOS** y su **TROMPA** para lanzar cosas a lo lejos con facilidad.

PESO:
120 kilos (bebé);
6 000 kilos (adulto)

DIETA:
herbívoro (come alimentos de origen vegetal)

HÁBITAT:
sabanas africanas

No te conviene molestarme... ¡Soy muy veloz!

ARMA LETAL

Cuerpo potente,
largos colmillos y una
trompa musculosa.

CURIOSIDAD

¡Mueven la trompa
40 000 músculos!

8 TIGRE

¿Quééé? ¡Me esperaba un puesto mejor en la lista!

NOMBRE CIENTÍFICO:
Panthera tigris

LONGITUD: 3,5 metros (macho); 2,5 metros (hembra)

Tiene características que lo convierten en un cazador letal: **GARRAS AFILADAS COMO CUCHILLAS, DIENTES EN PUNTA** y **AGILIDAD**.

Además de estas armas mortales, que todos los **FELINOS** poseen, tiene también unos **MÚSCULOS** potentes y un cuerpo robusto que hacen que sea el más **GRANDE** de todos sus parientes.

Su inconfundible **ABRIGO DE RAYAS** le permite mimetizarse con las luces y las sombras producidas en la vegetación, desde donde **ACECHA** a sus presas.

PESO:
300 kilos (macho);
180 kilos (hembra)

DIETA:
carnívoro (come alimentos de origen animal)

HÁBITAT:
bosques asiáticos

¡No soy el único gran felino peligroso, ¿sabes? ¡Si eres valiente, pasa la página!

ARMA LETAL
Garras afiladas y grandes colmillos en punta.

CURIOSIDAD
Come hasta unos 40 kilos de carne en cada comida.

FELINOS INTIMIDANTES

Todos los felinos se parecen a un gato doméstico, tanto en su aspecto como en su comportamiento. Tienen garras afiladas como cuchillas, colmillos en punta, ojos grandes y orejas derechas. Bufan si están asustados o enfadados, son extremadamente ágiles y se mueven con sigilo. Dan saltos acrobáticos y sus presas casi nunca se les escapan.

SIN EMBARGO, ESTOS TRES GRANDES FELINOS SE ENCUENTRAN ENTRE LOS MÁS PELIGROSOS, YA QUE HAN DESARROLLADO TÉCNICAS DE CAZA EXTREMADAMENTE LETALES.

Guepardo

El **GUEPARDO** ha perfeccionado una estrategia propia: a diferencia de otros felinos, que sorprenden a la presa, el guepardo la escoge de entre la manada y empieza a perseguirla para alejarla del resto. Después, la captura a gran **VELOCIDAD**.

¡Supervelocidad!

Alcanza una velocidad de 96 kilómetros por hora en tres segundos.

León

Por norma, los felinos son animales solitarios, pero los **LEONES** son una excepción, puesto que viven en grupos familiares compuestos por **UN MAYOR NÚMERO DE HEMBRAS** que de machos. La manada caza en grupo y obtiene muy buenos resultados.

¡El poder de la manada!

Son los únicos felinos capaces de matar presas mucho más grandes que ellos.

Jaguar

Las manchas de su pelaje ayudan al **JAGUAR** a esconderse entre las sombras de los árboles de la jungla sudamericana mientras espera **SILENCIOSAMENTE** su presa.

Se esconde tan bien que parece invisible.

Las crías de jaguar y las de algunos felinos salvajes que nacen con el pelaje negro se llaman **PANTERAS**.

7

PIRAÑA ROJA

NOMBRE CIENTÍFICO:
Pygocentrus nattereri

LONGITUD: 50 centímetros

Tiene unos dientes pequeños de apenas 4 milímetros pero afilados como **CUCHILLAS** y capaces de cortar cualquier material, también gracias a la **POTENCIA DE SU MORDEDURA.**

Si a esto se le añade que las pirañas viven en bandadas compuestas por **CIENTOS DE INDIVIDUOS**, nos podemos hacer una idea de cómo, en pocos minutos, pueden **DESPEDAZAR** y devorar a pequeños mordiscos un animal grande como el capibara. Y, sin embargo, raramente atacan a una presa viva o con buena salud.

PESO:
3,9 kilos

DIETA:
carnívoro (come alimentos de origen animal)

HÁBITAT:
aguas dulces de Sudamérica

¡Doy más miedo si voy acompañado!

ARMA LETAL

Agresividad y muchos dientes pequeños y afilados.

CURIOSIDAD

En cada bandada hay siempre un ejemplar dominante.

LA FUERZA DE LA MANADA

Cierto es que cazar con los semejantes ofrece ventajas: unir las fuerzas permite abatir presas que son muy grandes y asegurar comida para todos. Sin embargo, es necesario adoptar una estrategia, rodear la presa y empujarla hacia los compañeros que están al acecho. Dentro del grupo, por lo general, hay un individuo que coordina la manada y dirige el ataque.

ADEMÁS DE GARANTIZAR UN MAYOR ÉXITO DE CAZA, LA MANADA PROTEGE DEL ATAQUE DE OTROS DEPREDADORES TANTO A ADULTOS COMO A CRÍAS.

Lobo

Los **LOBOS** son animales veloces y agresivos. Establecen su propio territorio, que es donde la manada se procura la comida. Dirigen el grupo una pareja anciana y experta: el macho alfa y la hembra alfa.

Astucia y colaboración.

Suelen ulular para reunir a la manada durante la cacería.

Chimpancé

La dieta de los **CHIMPANCÉS** se basa, principalmente, en fruta y vegetales, pero a veces sienten la necesidad de cazar: los machos adultos se organizan para cerrar cada vía de escape de la presa. Una vez capturado el botín, el grupo se lo reparte.

Inteligencia y colaboración.

Tardan bastantes años (al menos 10) en aprender las técnicas de caza.

Hiena

La técnica de caza de las **HIENAS** consiste en perseguir la presa hasta el agotamiento para, luego, abatirla entre todas. Gracias a sus potentes dientes, apenas dejan sobras.

Dientes y colaboración.

Su mordedura es tan potente que puede fracturar huesos de hasta 6 centímetros de diámetro.

RANA PUNTA DE FLECHA

● **NOMBRE CIENTÍFICO**:
Dendrobatidae

¡Somos muy coloridas y... muy venenosas! ¡TEN CUIDADO!

LONGITUD: 4,5 centímetros

Esta pequeña es extremadamente **TÓXICA** y capaz de envenenar a unos diez seres humanos.

Pero únicamente supone un peligro para aquellos que traten de morderla o de comérsela, porque acumula su veneno en la piel. De hecho, esta rana usa las toxinas solo para defenderse: con sus **BRILLANTES COLORES** advierte de su alta peligrosidad para que se mantengan alejados. Las tribus indígenas envenenan con su piel las **FLECHAS** que usan para cazar, de ahí su nombre.

PESO:
menos de 30 gramos

DIETA:
insectívoro (se alimenta de insectos)

HÁBITAT:
bosques lluviosos de Sudamérica

¡Los pequeños también podemos ser peligrosos!

ARMA LETAL

Piel venenosa.

CURIOSIDAD

La toxina deriva de los insectos de los que se alimenta. ¡Las ranas criadas en cautiverio no son venenosas!

¡VENENOS TERRESTRES...

El veneno es un arma secreta que muchos animales usan para procurarse comida o para defenderse. Existen varios tipos de veneno: algunos producen solo dolor, otros pueden impedir el correcto funcionamiento del sistema nervioso y los hay que provocan la muerte. **LOS ANIMALES TIENEN GLÁNDULAS ESPECIALES PARA LA PRODUCCIÓN DE VENENO Y, MUY A MENUDO, TAMBIÉN ALGO CON PUNTA (COMO DIENTES, AGUIJONES O ESPINAS) PARA INTRODUCIRLO EN EL CUERPO DE LAS VÍCTIMAS**.

Insecto

ABEJAS, AVISPONES y **AVISPAS** (como la asiática) inyectan con el aguijón una sustancia tóxica que no solo inflama la parte herida, sino que también puede provocar una reacción alérgica mortal.

Aguijón.

Las abejas, después de picar, mueren.

Serpiente

Dientes.

Para inyectar su veneno, las **SERPIENTES** tienen unos dientes particulares, parecidos a la aguja de las jeringas. La taipán y la mamba negra son de las más peligrosas, tanto que con apenas dos gotas de su veneno paran el latido del corazón y el funcionamiento de los pulmones de un ser humano adulto.

Las boas y las pitones, en cambio, son peligrosas por la fuerza con que machacan a la víctima.

Araña

En las **ARAÑAS**, el veneno sirve principalmente para deshacer el cuerpo de la presa y, así, poder sorberlo... ¡como un batido! Los efectos de la mordedura de la araña bananera y de la viuda negra son mortales también para las personas.

Mordedura venenosa.

Las telarañas son redes para atrapar las presas.

Ornitorrinco

¿Quien lo diría? El simpático **ORNITORRINCO** se defiende con patadas venenosas lo suficientemente potentes como para paralizar y matar animales más pequeños.

Espolones sobre las patas traseras.

Solo los machos tienen espolones conectados a glándulas de veneno.

... Y VENENOS MARINOS!

La venenosidad no es una característica única de las criaturas terrestres. Hay muchos animales venenosos en los mares y los océanos, ¡quién se lo iba a imaginar! Medusas, sepias, pulpos, corales, pero también serpientes marinas y más de 1200 especies de peces confían en las toxinas para vencer la lucha diaria por la supervivencia.

PARA DEFENDERSE, ALGUNOS ANIMALES INYECTAN EL VENENO, MIENTRAS QUE OTROS ALMACENAN LAS TOXINAS DENTRO DE SU CUERPO PARA ENVENENAR A LOS DEPREDADORES POTENCIALES.

Pulpo de anillos azules

A pesar de su pequeño tamaño, poco más grande que una pelota de ping-pong, el simpático **PULPO DE ANILLOS AZULES** tiene un mordisco de efectos devastadores, ya que su veneno mata en pocos minutos. Por suerte, es bastante raro de encontrar.

Mordedura.

Los anillos azules iridiscentes aparecen sobre su cuerpo cuando se siente amenazado y está listo para atacar.

Pez globo

En los mares de Japón vive el **FUGU**, un tipo de pez globo que esconde en su carne una potente toxina más venenosa que el cianuro. **¡CUIDADO, NO SE COME!**

Carne venenosa.

En Japón se cocina, pero solo lo hacen cocineros superespecializados.

Medusa

Las medusas son urticantes y algunas también son mortales. La **CUBOMEDUSA** es una asesina de los mares tropicales: sus tentáculos inyectan uno de los venenos más potentes del mundo.

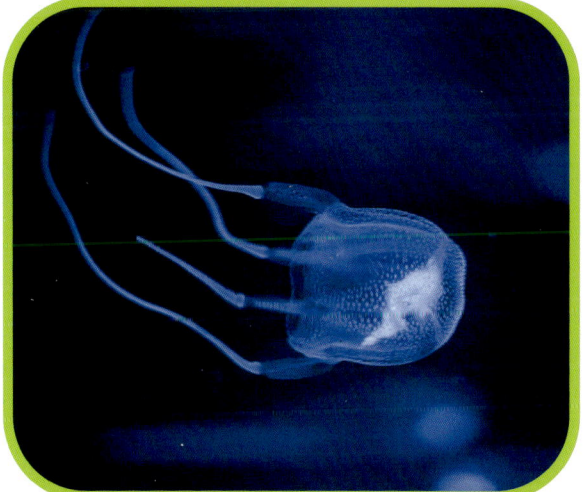

Tentáculos urticantes con más de 5 000 células de veneno.

Se la llama también «avispa de mar».

COCODRILO DEL NILO

NOMBRE CIENTÍFICO:
Crocodylus niloticus

LONGITUD: hasta 6 metros

La peligrosidad de este gran reptil aumenta gracias a su **HABILIDAD PARA JUGAR AL ESCONDITE** entre la vegetación acuática.

El cocodrilo es capaz de **SUMERGIRSE** por horas, totalmente inmóvil, a la espera de que una presa despistada se acerque. Luego, con una asombrosa agilidad, se lanza al ataque, abriendo bien la enorme boca armada de robustos **DIENTES AFILADOS**. Con la fuerza de su **MANDÍBULA**, la sujeta con firmeza debajo del agua esperando a que se ahogue.

PESO:
700 kilos

DIETA:
carnívoro (come alimentos de origen animal)

HÁBITAT:
ríos y lagos africanos

¿Verdad que tengo una bonita sonrisa? ¡Acércate y muéstrame la tuya!

ARMA LETAL
Mordedura
y dientes afilados.

CURIOSIDAD
La potencia de su
mordedura es
¡5 veces mayor
que la del león!

4 TIBURÓN BLANCO

NOMBRE CIENTÍFICO:
Carcharodon carcharias

LONGITUD: 6 metros (hembra); 4 metros (macho)

En la boca tiene varias filas de **DIENTES TRIANGULARES**, con el borde serrado y muy afilado, que se van **SUSTITUYENDO** constantemente.
Son retráctiles como las garras del gato. Solo cuando el animal está listo para morder, la mandíbula se levanta y la primera fila se posiciona hacia delante. Gracias a su **POTENTE OLFATO**, el tiburón blanco puede divisar una presa desde muy lejos. El ataque se produce de repente y, generalmente, desde abajo.

PESO:
1 500 kilos

DIETA:
carnívoro (come alimentos de origen animal)

HÁBITAT:
mares y océanos

¿Quién puede ser más peligroso que yo?

ARMA LETAL

Mordedura y olfato.

CURIOSIDAD

A veces, antes de matar a su presa, la "prueba" para ver si es comestible.

TIBURONES... ¡BUENOS!

Los tiburones son peces que tienen un esqueleto hecho de cartílago y no de hueso. Tampoco tienen la piel recubierta de escamas. Aunque estos animales son todos carnívoros, ¡no todos son depredadores!

HAY TIBURONES QUE NO SE ALIMENTAN DESPEDAZANDO OTROS ANIMALES, SINO QUE FILTRAN CON SUS BRANQUIAS LOS MICROORGANISMOS QUE HAY EN EL AGUA.

Tiburón ballena

Con una longitud de 10 metros, el tiburón ballena es el más grande de los tiburones. A pesar de esto, se acerca a los buzos y no los ataca ni les muerde. Nada lentamente, filtrando con su ancha boca 6 000 litros de agua por hora para recoger plancton.

¡Ninguna!

Se cree que puede llegar a vivir ¡hasta 100 años!

Mantarraya

La mantarraya es pariente cercana de los tiburones, pero se diferencia de estos por su cuerpo aplanado. A pesar de su aspecto un poco «diabólico», ¡el animal no es para nada agresivo ni peligroso! Como el tiburón ballena, se alimenta solo de microorganismos y de plancton que recoge usando la boca a modo de red.

¡Ninguna!

Las aletas pectorales parecen dos alas con una apertura que puede alcanzar ¡los 7 metros!

3

OSO POLAR

NOMBRE CIENTÍFICO:
Ursus maritimus

¡Soy el más grande de los carnívoros terrestres!

LONGITUD: 3 metros (macho); 2 metros (hembra)

El oso polar es el carnívoro más grande de la Tierra y pasa la mitad de su tiempo buscando presas.
La caza se produce mediante una **EMBOSCADA**: espera pacientemente a que una foca rechoncha salga a respirar por algún agujero del hielo, momento en que la arponea con sus **PODEROSAS GARRAS** y la arrastra para devorarla. Un oso blanco puede comer hasta 2 kilos de grasa al día. La **GRASA** es necesaria para resistir las bajas temperaturas.

PESO:
450 kilos (macho);
250 kilos (hembra)

DIETA:
carnívoro (come alimentos de origen animal)

HÁBITAT:
hielo del Ártico

¡No soy ningún osito tierno yo!

ARMA LETAL

Dientes afilados y grandes patas con garras.

CURIOSIDAD

Olfatea la presa incluso a más que 15 kilómetros de distancia.

TIERNOS..., ¡PERO NO MUCHO!

El osito de peluche es el compañero de juegos de muchos niños, pero los osos de verdad no son buenas mascotas. De hecho, son depredadores dominantes en su territorio, gracias a su fuerza, su astucia, su desarrollado sentido del olfato y, por supuesto, sus poderosas y afiladas garras.

SIN EMBARGO, NO TODOS LOS OSOS SON AGRESIVOS Y LETALES. SU PELIGROSIDAD DEPENDE DE SU TAMAÑO Y DE SUS GUSTOS A LA HORA DE COMER. AQUÍ TENEMOS TRES EJEMPLOS: DOS PELIGROSOS; UNO..., ¡DEFINITIVAMENTE, NO!

Oso grizzly

Los osos **GRIZZLY** pueden abrir su boca hasta unos 30 centímetros y sus colmillos son largos como un dedo. Además, muerden con tanta fuerza que pueden aplastar una bola de jugar a los bolos. Les gusta refregarse con cosas en descomposición para tapar su propio olor cuando tienen que cazar.

Potencia de mordedura.

Son activos principalmente cuando oscurece y en la noche.

Oso malayo

El oso malayo, aunque es el pequeño de la familia, es muy robusto y a menudo ataca sin motivo. Tiene dientes afilados y enormes patas con garras curvadas que le sirven, en general, para abrir colmenas y robar la miel.

Dientes y garras.

Se le llama también «oso del sol» por la mancha de pelo claro que tiene en el pecho.

Panda

Aunque sea un oso, el panda no comparte las características de su familia por lo que respecta a la dieta. Se pasa 12 horas al día masticando hojas de bambú y llega a devorar más de 15 kilos.

¡Ninguna!

Tiene un dedo más para sujetar mejor las ramas.

31

HIPOPÓTAMO

NOMBRE CIENTÍFICO:
Hippopotamus amphibius

¡No intentes hacernos mimos!

LONGITUD: hasta 5 metros

Que no te engañe el aspecto pacífico de este enorme animal. ¡El hipopótamo es tremendamente **AGRESIVO** y peligroso! Cuando se irrita, no duda en lanzarse con mucha potencia contra el que lo está fastidiando y, con la boca abierta de par en par, **MUERDE** con tanta fuerza que puede ser letal gracias a sus largos colmillos. Su cuerpo macizo representa también un peligro: al cargar con un peso y una **VELOCIDAD** sorprendentes, el hipopótamo puede arrollar y aplastar a cualquiera que se le ponga por delante.

PESO:
1 400 kilos (hembras);
4 500 kilos (machos)

DIETA:
omnívoro (come alimentos de origen animal y vegetal)

HÁBITAT:
ríos y lagos africanos

¡El segundo puesto es mío! No te lo esperabas, ¿eh?

ARMA LETAL

Gran boca armada de grandes colmillos.

CURIOSIDAD

¡Durante una carrera puede alcanzar los 40 kilómetros por hora!

1

MOSQUITO

NOMBRE CIENTÍFICO:
Anopheles

¡Sorpresa! ¡No hay que subestimar a los más pequeños! Somos... ¡los más letales de todos!

LONGITUD: 5,5 milímetros   **ENVERGADURA:** 4,5 milímetros

A pesar de ser diminuto, este insecto es, en realidad, una de las causas de muerte más frecuentes entre los seres humanos. Los mosquitos mortales se extienden, principalmente, por las regiones tropicales, y con su picadura transmiten **GRAVES ENFERMEDADES**. Cuando pica la piel para absorber sangre, de forma involuntaria, el mosquito inyecta en el ser humano un microorganismo, el *Plasmodium falciparum*, que provoca la **MALARIA**, una enfermedad que es letal si no se cura de manera oportuna.

PESO:
2 miligramos aproximadamente

DIETA:
herbívoro/sanguívoro (el macho se alimenta de néctar; la hembra, de sangre)

HÁBITAT:
aguas estancadas

ARMA LETAL

Picadura.

CURIOSIDAD

Pueden beber
sangre hasta
triplicar su peso.

PREGUNTAS SALVAJES

?

¡10 ANIMALES, 10 PREGUNTAS! SI NO SABES LAS RESPUESTAS..., ¡NO IMPORTA! HAZ LA PRUEBA SIN MIEDO A EQUIVOCARTE. SI PASAS A LA SIGUIENTE PÁGINA, ¡DESCUBRIRÁS LA RESPUESTA CORRECTA!

10- APARTE DE SUS GARRAS LETALES, ¿QUÉ MÁS CARACTERIZA AL ÁGUILA ARPÍA?

A La velocidad.

B La astucia.

C La fuerza.

9- ¿DE QUÉ ESTÁN HECHOS LOS COLMILLOS DEL ELEFANTE?

A De marfil.

B De hueso.

C De madera.

8- ¿DÓNDE VIVE EL TIGRE?

A En las sabanas africanas.

B En los bosques asiáticos.

C En las junglas sudamericanas.

7- SI LA PRESA ES UN PEZ, ¿QUÉ PARTE DEL CUERPO ATACAN PRIMERO LAS PIRAÑAS?

A El abdomen.

B La cola.

C La aleta dorsal.

6- ¿CUÁNTO DURA EL EFECTO DEL VENENO DE LA RANA PUNTA DE FLECHA?

A Años.

B Semanas.

C Horas.

5- ¿CUÁNTOS HUEVOS PONE UNA HEMBRA DE COCODRILO?

A 2-10.

B 15-20.

C 25-80.

4- ¿POR QUÉ EL TIBURÓN BLANCO ATACA A LOS HUMANOS?

A Porque es un feroz asesino.

B Porque le gusta la carne humana.

C Porque se confunde.

3- ¿DE QUÉ COLOR ES LA PIEL DEL OSO POLAR?

A Amarilla.

B Negra.

C Rosa.

2- ¿POR QUÉ LOS HIPOPÓTAMOS SALEN CADA NOCHE DEL AGUA?

A Para buscar un refugio donde dormir.

B Para pastar.

C Para que no les ataquen los cocodrilos.

1- ¿POR QUÉ SOLO LOS MOSQUITOS HEMBRA SUCCIONAN LA SANGRE?

A Porque necesitan hacerlo para madurar sus huevos.

B Porque son más grandes.

C Porque, así, crecen más deprisa.

RESPUESTAS
SALVAJES

10-C Las hembras, más grandes que los machos, pueden atrapar en vuelo animales que pesan hasta 10 kilos y transportarlos directamente hasta las ramas más altas sin tener que aterrizar.

9-A Los colmillos son los dientes incisivos superiores del elefante y están hechos de marfil. Les salen a los dos años de edad y siguen creciéndoles toda su vida, que dura aproximadamente 70 años. Por desgracia, los cazadores furtivos llevan a cabo matanzas de elefantes para conseguir sus colmillos y venderlos ilegalmente.

8-B Los tigres solo habitan en el continente asiático y, por lo general, prefieren vivir en un ambiente boscoso. Su territorio cada vez se ve más reducido y, desgraciadamente, están en peligro de extinción.

7-B Una vez atrapada la presa, las pirañas atacan dando mordiscos a los ojos y, sobre todo, a la cola. De ese modo, la víctima queda inmovilizada y no tiene posibilidad alguna de huir.

6-A El veneno almacenado en la piel no se deteriora tan fácilmente, por lo que se mantiene mucho tiempo. Las puntas de flecha impregnadas con estas toxinas pueden conservar su efecto mortal durante más de dos años.

5-C Pueden llegar a poner hasta 80 huevos a la vez dentro de nidos cavados en la arena a lo largo de la orilla de la playa. La madre vigila el nido para protegerlo de posibles ataques y, una vez que eclosionan, coge suavemente a sus pequeños con la boca y los transporta hasta el agua.

4-C Con frecuencia, los ataques a seres humanos por parte de los tiburones blancos se deben a su inexperiencia. La silueta de una tabla de surf o de un hombre nadando se suele confundir con la de una foca u otra presa similar. Precisamente, la vista no es el sentido más desarrollado de un tiburón.

3-B El oso polar tiene la piel negra porque este color absorbe mejor el calor de los rayos solares a través de su tupido pelaje, formado por pelos que parecen blancos, pero que en realidad son transparentes.

2-B A causa de su tamaño, los hipopótamos devoran una gran cantidad de hierba. Comen más de 35 kilos de pasto cada noche, y llegan a recorrer hasta 10 kilómetros para encontrar los lugares en los que haya abundancia de hierba. Recientemente se ha descubierto que los hipopótamos, en ocasiones, también comen animales muertos.

1-A Los machos de los mosquitos solo toman el néctar de las flores y la savia de las plantas. Las hembras, en cambio, pican y beben sangre cuando tienen que poner los huevos, ya que la sangre contiene sustancias, como hierro y proteínas, que son necesarias para hacerlos madurar.

CRISTINA BANFI

Licenciada en Ciencias Naturales en la Universidad de Milán, ha enseñado en varias instituciones escolares. Hace más de 20 años que trabaja en comunicación científica y ludodidáctica y ha publicado varios libros, tanto didácticos como divulgativos, especialmente para el público infantil y juvenil. En los últimos años, ha publicado varios títulos para White Star.

REFERENCIAS FOTOGRÁFICAS

Todas las fotografías son de Shutterstock, excepto las siguientes: Getty Images pág. 2 inferior izquierda, pág. 3 inferior centro, pág. 16 superior izquierda, pág. 19 inferior, pág. 27, pág. 29 y pág. 37 superior.

Título original: *Top Ten: I dieci animali più letali*
© White Star s.r.l., 2023
   Piazzale Luigi Cadorna, 6
   20123 Milán, Italia
   www.whitestar.it
   WS White Star Kids® es una marca registrada propiedad de
   White Star s.r.l.
© Traducción: Paula Soriano García, 2023
© Algar Editorial
   Apartado de correos 225 - 46600 Alzira
   www.algareditorial.com
Impreso en China

1.ª edición: junio, 2024
ISBN: 978-84-9142-685-1
DL: V-2049-2023